OBLIGATIONS PARTICULIÈRES

D'UN

DÉPUTÉ DE PARIS.

INTÉRÊTS

QU'IL EST SPÉCIALEMENT APPELÉ A DÉFENDRE.

Un des avantages du système représentatif, et qui, peut-être, n'a pas été assez bien compris jusqu'à ce jour, est de mettre, par l'organe des députés, le gouvernement du Roi plus particulièrement en rapport avec les divers départemens, et de donner à chacun des arrondissemens dont ils se composent, des défenseurs de leurs véritables intérêts.

Un des premiers besoins des départemens et des arrondissemens, est donc de faire tomber leur choix sur des députés qui, par leur position non moins que par leur expérience, soient en mesure de connaître parfaitement ces intérêts et de les défendre, en se servant à propos de l'influence due à leur caractère pour seconder, suivant la nature des objets, l'action de l'administration, soit dans les Chambres, soit auprès du gouvernement.

Ces intérêts, sans parler ici de ceux qui sont placés sur le terrain mobile de la politique, sont ceux de la propriété et de l'industrie, intérêts toujours nouveaux, toujours présens, qui dominent tous les autres et leur survivent.

Pour Paris surtout ils ont besoin d'être protégés contre les effets d'une malheureuse prévention qui a fait trop long-temps, et jusque dans le sein de la Chambre des députés, considérer la capitale comme une espèce d'être privilégié, absorbant à son profit exclusif une partie des ressources du pays, tandis que le vivifiant sans cesse par d'heureux échanges, et rendant ce qu'elle reçoit et plus qu'elle ne reçoit, elle concourt si puissamment au perfectionnement des arts, au développement de l'instruction et des sciences, comme à celui de nos richesses industrielles et agricoles.

Paris a donc à faire valoir des intérêts communs à tous ses habitans et des intérêts particuliers à chacun de ses arrondissemens.

L'indication de quelques-uns prouvera leur importance et la nécessité de les connaître comme de s'en occuper sérieusement sous le règne d'un Prince si disposé à favoriser tout ce qui peut contribuer à la prospérité de sa bonne ville de Paris.

INTÉRÊTS GÉNÉRAUX.

CONTRIBUTION MOBILIÈRE.

Il n'a pas encore été fait droit aux réclamations que le Conseil général du département de la Seine, remplissant les fonctions de Conseil municipal de la ville de Paris, a formées, et renouvelées, depuis 1817, à l'effet d'obtenir le dégrèvement de 1,714,742 fr. sur la contribution mobilière.

Cependant, le résultat des travaux ordonnés dans l'intérêt général du royaume, pour la rectification des évaluations du revenu des propriétés foncières, et celui d'autres calculs *qui n'ont jamais été contestés,* a mis ce Conseil en mesure de démontrer que la contribution mobilière d'un habitant de lá ville de Paris, est, *toutes choses égales d'ailleurs,* dix fois plus forte que celle d'un contribuable de tel ou tel autre département.

La contribution mobilière présente en effet pour toute la France, une masse de 15,923,220 f. Or, le contingent de Paris est de 3,818,517 f. c'est-à-dire du quart environ de la somme totale, ce qui, contre toute vraisemblance, supposerait dans le produit des habitations d'une ville d'environ 800,000 habitans une valeur locative égale au quart de celles de près de 32 millions d'individus.

Il s'ensuit que, dans le département de la Seine, la taxe mobilière est, par tête de contribuable, de 23 fr. 79 c. tandis que pour les autres départemens, elle se réduit à 2 f. 46 c. et par l'effet du dégrèvement demandé, elle y serait portée seulement à 2 f. 81 c.

Si en s'appuyant sur la base de l'égalité proportionnelle, justice était rendue à la ville de Paris, chaque contribuable n'aurait plus à payer qu'une taxe mobilière de 10 fr. 60 c., qui serait encore quatre fois plus forte que dans les départemens, et la compensation bien suffisante, en cette partie, de ses avantages, comme capitale du royaume, comme siége du gouvernement et résidence des autorités supérieures.

DÉCHARGES, RÉDUCTIONS, ET MODÉRATIONS.

Dans les départemens, les répartiteurs de chaque commune donnent leur avis sur les demandes en décharge et réduction qui sont soumises au Conseil de préfecture ; et quant aux remises et modérations, sur lesquelles le Préfet statue, les faits qui peuvent y donner lieu doivent être constatés en présence du Maire.

A Paris, une commission des contributions directes, nommée par le Préfet, tient lieu de de répartiteurs. Cette institution est peut-être utile, mais nous pensons qu'il ne pourrait qu'être avantageux pour les contribuables, et pour l'administration, d'avoir dans chaque arrondissement une autre commission composée de notables, et qui émettrait son avis sur toutes les demandes en réduction, ou en remise de contributions.

Cet avis serait indépendant de celui du Contrôleur.

Le Conseil de préfecture ou le Préfet serait alors complètement éclairé. En effet, les notables d'un arrondissement, et surtout ceux d'une même profession, connaissent et apprécient parfaitement les positions et situations particulières ou accidentelles des contribuables. Les Maires de Paris ont été dans le cas de se convaincre de cette vérité, lorsqu'ils ont eu à faire l'application des dispositions de la loi de finances du 15 mai 1818, pour le classement des teinturiers, tanneurs, entrepreneurs de fonderies, etc., assujétis par cette loi au paiement d'un droit fixe.

OCTROI.

Les réglemens et tarifs de l'octroi exigent des modifications importantes, et ces modifications doivent être combinées de manière à concilier les intérêts des propriétaires , ceux des consommateurs , des négocians ou détaillans , ceux enfin de la ville.

C'est ainsi que la réduction dans une juste proportion du droit d'entrée, sur les vins et eaux-de-vie, aurait pour résultat, sans nuire aux recettes de l'octroi , de favoriser, en augmentant la consommation , les propriétaires de vignobles, les débitans, le commerce, et de rendre moins sensibles à la classe ouvrière des dépenses qui sont pour elle de première nécessité.

Ainsi encore , le droit exhorbitant sur les matériaux propres à la bâtisse , appelle (voir l'article suivant) une réduction devenue indispensable , pour encourager les entreprises de construction , comme elles doivent l'être dans une vaste capitale.

CONSTRUCTIONS DANS PARIS.

Les réglemens généraux sur les constructions n'intéressent pas moins la sûreté et la salubrité publique que la commodité des habitans, et les fortunes particulières.

Mais l'accroissement de la population , une plus grande aisance parmi les habitans , les nouveaux besoins qui en sont la suite, les encouragemens dus à l'une des branches les plus importantes de notre industrie, imposent l'obligation d'apporter diverses modifications aux dispositions existantes, et de les compléter.

Les propriétaires, architectes et constructeurs de la ville de Paris, ont présenté à cet effet un Mémoire à la Commission d'enquête nommée, en 1828, par le Ministre de l'intérieur, pour connaître de leurs demandes.

Ce Mémoire, digne de fixer l'attention de l'administrateur et de l'homme d'état, contient un plan d'élargissement des anciennes rues de Paris, et l'indication de plusieurs mesures législatives, réglementaires ou administratives, propres à encourager les constructions.

Les principales seraient la révision des réglemens de voirie et l'adoption d'un code spécial; la réduction de la hauteur des maisons tant à l'intérieur que sur la voie publique, et l'exemption d'impôt pendant quinze ou vingt années, pour les maisons nouvellement construites;

Enfin, la modération des droits d'enregistrement lors de la première vente, et celle des droits d'octroi sur les matériaux, droits qui sont de 15 p. 100 (1).

Le Mémoire réclame encore l'autorisation d'employer des matières légères pour la maçonnerie et la charpente ; des encouragemens en faveur des constructions de maisons moyennes et de petites dimensions, les seules qui soient en rapport avec la condition, les besoins et la fortune d'une partie considérable de la population.

L'avis de la Commission a été généralement favorable aux constructeurs, et il a été transmis au Ministre de l'intérieur par le Préfet du département de la Seine, avec ce zèle qu'il porte à tout ce qui intéresse la ville de Paris.

Mais il serait nécessaire de le seconder dans ses efforts ; de discuter les diverses questions ;

---

(1) Le spéculateur qui, par des constructions crée une nouvelle valeur dans son intérêt comme dans celui de l'état, ne peut être assimilé au possesseur d'une maison déjà en rapport; cependant il est soumis aux mêmes charges que ce dernier, et si l'on y ajoute le paiement des droits d'octroi sur les matériaux, il paie au fisc 32 p. 100 de son capital.

d'applanir les différens obstacles qui pourront se présenter.

Déjà l'année dernière, l'auteur de cette note s'en est expliqué en sa qualité de maire de l'un des arrondissemens de Paris avec les président et secrétaire de la réunion des propriétaires, architectes, et constructeurs de la ville de Paris. Il leur a même indiqué, et il serait heureux d'y contribuer, les moyens de suivre des demandes qui amèneraient en cette partie les améliorations les plus importantes.

Ce travail est l'un de ceux qui prouvent le mieux combien les intérêts privés peuvent servir les intérêts généraux.

ENTREPOT.

Il a été reconnu que l'application du système d'entrepôt à la capitale est aujourd'hui le besoin vital de notre industrie et du commerce dont elle tend à devenir le centre, et que le perfectionnement des communications ne saurait être trop complet autour de cette grande ville.

Le bassin de la Seine doit arriver à reconquérir l'approvisionnement de l'Allemagne cen-

trale, qui a été enlevé à la France par l'An-
gleterre.

Paris peut seul rétablir l'équilibre, mais une
grande ligne de transit ne sera possible que
lorsqu'elle aura pour point d'appui un entrepôt
alimenté par des capitaux aussi abondans que
ceux qui sont trop souvent en stagnation dans
la première ville du royaume. Le mouvement
des fonds et les vastes spéculations qu'ils font
éclore, sont une des conditions de l'existence
d'une population toujours croissante.

Des travaux préparatoires ont été faits avec
soin ; le moment paraît venu de ne pas les
laisser stériles.

INTÉRÊTS PARTICULIERS AU IO^e ARRONDISSEMENT.

Plusieurs de ces intérêts, plusieurs établissemens, tels que ceux de bienfaisance, ont
fixé notre attention et ne seront pas négligés ;
mais nous nous bornerons à parler de celui qui
les domine tous à raison de son urgence.

HALLES ET MARCHÉS.

L'étendue de cet arrondissement est de 5,518,612 mètres en superficie, et sa population qui, en 1817, n'était que de 81,133 habitans, est aujourd'hui de 90,623 A la même époque, on y comptait 2,503 maisons ; ce nombre s'est augmenté de 381.

Malgré cet accroissement et celui de la consommation qui est en raison de l'aisance des habitans, le 10e arrondissement n'a pas de halle d'approvisionnement ; il ne possède pas même de véritable marché public, car le Marché St.-Germain appartient au 11e arrondissement, et l'on ne peut donner ce nom aux étalages autorisés dans la rue de Sèvres et dans le local de l'ancien hôtel des Mousquetaires, rue du Bac. Réduits à se procurer leurs approvisionnemens en subsistances de la seconde ou de la troisième main, les habitans les paient à un prix bien supérieur à celui de nos grands marchés.

Cet inconvénient, qui se reproduit chaque jour, est sensible surtout pour le quartier *du Gros-Caillou*. Situé à l'extrémité de l'arrondisdissement dont il est en quelque sorte séparé, ce quartier, peuplé de plus de 22,000 âmes, forme à lui seul une ville du 3e ordre et n'a pas le moindre marché dans toute son étendue. Les approvisionnemens y sont dès-lors l'objet d'un *commerce par commission* exploité bien plus au préjudice qu'au profit de ses habitans. C'est en les payant à un prix arbitraire, ou en les allant chercher au loin, que les troupes casernées à l'École militaire se procurent les vivres dont elles ont besoin.

Ainsi une population active, laborieuse, mais dont le quartier est l'un des moins favorisé sous le rapport des établissemens industriels et productifs, ne se voit assimilée à une ville que pour rester privée des avantages dont jouissent de simples bourgades : les invoquer en sa faveur, lui obtenir un marché, en secondant à cet égard la sollicitude de l'administration municipale, serait pour un député choisi dans cet arrondissement une obligation de premier ordre.

Mais un député né à Paris, qui depuis longues années se serait occupé des affaires de la ville, qui aurait été en rapport habituel avec les habitans, saurait également qu'il a des intérêts généraux à défendre ; il en connnaîtrait l'étendue et l'importance, et ne serait étranger à aucun des détails dans lesquels il doit entrer, à aucune des démarches qu'il doit faire pour en assurer le succès. Accessible à tous les renseignemens et à toutes les indications qui peuvent y contribuer, pendant comme après la session, il serait toujours en mesure d'agir, toujours disposé à le faire et à remplir le mandat dont l'aurait investi la confiance des habitans.

Député du département de la Seine, député de Paris, il n'oublierait point qu'il est encore le député du dixième arrondissement.

IMPRIMERIE DE LEFEBVRE,
rue de Bourbon, n° 11.